书有道 • 阅无界

策划出品 | YUEKE 阅客

余榛 / 著

回到小镇

陕西新华出版传媒集团
太白文艺出版社

图书在版编目（CIP）数据

回到小镇 / 余榛著. -- 西安：太白文艺出版社，2019.12

ISBN 978-7-5513-1732-0

Ⅰ.①回… Ⅱ.①余… Ⅲ.①诗集－中国－当代 Ⅳ.①I227

中国版本图书馆 CIP 数据核字（2019）第 250487 号

回到小镇

HUIDAO XIAOZHEN

作　　者　余　榛
责任编辑　彭　雯　张　鑫
特约编辑　高　怡
整体设计　阅客 · 书筑设计
出版发行　陕西新华出版传媒集团
　　　　　太白文艺出版社
经　　销　新华书店
印　　刷　广州广禾科技股份有限公司
开　　本　787mm × 1092mm　1/32
字　　数　99 千字
印　　张　5
版　　次　2019 年 12 月第 1 版
印　　次　2019 年 12 月第 1 次印刷
书　　号　ISBN 978-7-5513-1732-0
定　　价　36.00 元

如有印装质量问题，可寄出版社印制部调换
联系电话：029-81206800
出版社地址：西安市曲江新区登高路 1388 号（邮编：710061）
营销中心电话：029-87277748　029-87217872

目录

CONTENTS

/深入浅出/

/ 也是故乡 /

/虚掩的门/

深入浅出

凤凰山：深入浅出的哲学

1

小盅茶，大碗酒
不是所有的山，都备有如此礼遇
验明正身，不工而工的
攒云峰，怀抱最深邃的思想
和最豁达的容积

翘首东南，太阳扎根在云层深处
百鸟朝凤，御驾东巡
东山、西山，虎踞龙盘
普天之下，东西南北中
华山可论剑，峨眉山可论道
泰山可论北斗，庐山可论英雄
黄山可神通于世

一千三百多年的沉淀
水深过辽代的城墙

点将台上钦旨，过往云烟
马蹄印前存根，白驹过隙
东山再起，西山绝代
跨过了“天下绝”，却跨不过
历史的火焰

穿云天的箭眼，沿着直线运动
像一枚硬币，正反两面
一同跃入深渊，玄谜隐奥
松柏的队伍，如千军万马
在幽谷嘶鸣

2

自然的山岳，每一块石头
都在自由呼吸，它们信仰真善
用信念填补这些
空白的岁月，像一块画布
在等待一支神笔，描绘十二支干
精美的人文脉络与此山相依
与日月共存

陡立悬崖，黑风口的栈道上
有无绝人之路？攀登高峰方知远近
脚踏实地方知深浅
老牛背上走老路，天下绝处逢新生

在石头上跳跃，此石比彼石更远
他乡，比故乡更近
在凤凰山，伸手可触天
却无法“只手遮天”

3

山高避隐，道者合药
凤凰山得“道”弥彰，钟鼓共鸣
禅声无形无象时，我在朝阳寺
顶礼膜拜。各路神仙来与不来
聚仙台都早已聚满春色
山云铺海，谁能驾彩云离去
人影、云影或佛影
都会在晴天慢慢消散

但时间在追赶，箭眼峰留不住云
留不住炊烟，留不住人间悲欢
凤凰山已背负太多的记忆
观音阁站在高处，静观其变
它不等待任何事物，月圆或月缺
听泉水流淌

立地成仙女，木兰花生在北坡
“瀛洲”之境成就一个传说
和另一个传说，石笋时隐时现

成为背景。凤凰山用本质说话
无声时，晴空万里非常宁静
脚下群山绵亘，已脱离
凡俗，绕过我的存在
透过想象，我干净的灵魂
立于，海拔八百三十六米处
深入而浅出

你的名字，充满湖水的味道

1

行至水草间，你将不被赦免
除非再生水，再生光阴
再回东晋，再爱一次

在仙女湖，流光过隙
上片是读书台，字里行间的春秋
下片是万年桥，五味杂陈的过往
六段在水下古城
做出天长地久的承诺

2

挽十八阕波涛，商调
虚谱一曲，等你填上艳词
新喻的山因水而秀
我因你而美

一个眼神，便可穿越
世间的冷暖和屏障

有你，湖是老的
有你，湖是新的
我在湖水中找到三种元素：真、善和美
箜篌传情，剑走偏锋
要爱，就爱到极致
要美，就美到无双

3

羽衣、霓裳，石头开花
群鱼竞相摆尾，那七秒记忆
在仙女湖，乱了方寸
此曲萦绕在天地间，天上飞瀑如织
人间梅雨绵绵

4

你的名字，充满
湖水的味道

海贝湾的灯塔

海贝湾，停留在镜子之下
干净的蓝
太阳打了一个哈欠，海面就被
铺上一张耀眼的棉被
远道而来的游客，都是海水送来的一个谜
与远处站着的灯塔，互为谜底

我被海鸟的叫声召唤，一种空旷来自身体
旷日持久的咸腥，把我送出更远
在远方，白鹤沉静在一片蓝里
了无牵挂
没有夕阳西下的一片孤舟
只有疲惫的渔船，俯身洗净尘埃

太阳的光在黄昏，消散得有迹可循
我像一尾鱼回旋在浪尖
清晰地听到海和我说话

明天，泥沙俱下
珊瑚重拾旧路
灯塔在南澳的上空，点燃金色的火光

午后的蓝

渔船被午后轻轻推入
大海的额头。十月里吹着
令人捉摸不透的风
再走两步，我将一颗质朴的心
归顺于那一段漫长的蓝
在去往大鹏的路上
月亮湾公园、海贝湾、上企沙
这些名字像是浑身长满蓝色珍珠的贝壳
那般耀眼，午后
天空中的蓝薄如纸片
蘸上墨，便可以画一段幸福的日子
手掌中流过的水，在快乐中弥漫
成为我思想中保存的部分
我应有更多的理由
成为大鹏的一个长期旅行者
在古老的榕树下，静坐
一下午。眺望最长的海岸线
从这些蓝里
发出声响

风吹所城

红鬃烈马驰骋在一场
大风中，天空漆黑如梦
明洪武二十七年，赖氏将军高举火把
让死灰燃尽，再复活成草木
让风吹、叶落。让时间
推开所城另一扇虚掩着的门

我站在鹏城公馆门前
我是我自己，上辈子的来使
纸上飞烟，火焰摇曳
不管是掉进哪一段古神曲
历史的疮疤
仍可以在今天，忘记疼痛

冬天的阳光沉稳地行走在所城的大街上
我步履缓慢，这一走
就走了六百年
所城的街面一直未旧，方砖黑瓦

古风古韵正在
与时光较量

走进窄窄的小巷，留下一个
恰到好处的影子
留宿明清，寒窗苦读
有朝一日功成名就
马蹄声嘚嘚
赶往今生，忍踏落花

火烧岛的灰

把一生的光阴烧成灰，岛是一座孤岛
我每天反复地写同一首诗
跨过我的故土，在海贝湾举起酒杯

太阳是明火，焚尽乌云
海上的巨浪，一片比一片更薄
故乡的面容，一天比一天清晰

乡愁是雕花玉砌的块垒
青苔张开手掌
顽石抛下重量

火烧岛像一堆灰
清风吹过，吹不乱它的温软
灰色的石块垒起一声喟叹

一只白鹤射向远方
在生命中留下一片
永不缺席的海

传说

陌路相逢，恰好有人唱起
赛里木湖的情歌，恰好有一件透明的蓝披风
搭在博尔塔拉的肩上，我知道后继有人
暖湿气流正从大西洋赶来，贴到了湖面上
格桑花开得热烈，蘑菇云飘到了水面上
世上已没有难分彼此的事物
除了赛里木湖的水和天空
浮出的光线，蓝得没有记忆

我一直以为，蓝色是暖的
赛里木湖的水质温良，却透出彻骨的寒
高白鲑在远方，背着天山的脊梁
游回“净海”，游到一对恋人
殉情的地方。暮色摊开一本无字经书
被风吹动，草很低
羊群行走在天边，仿佛要重回一趟人间
它们从伊犁公路上横穿而过

这里的阳光是咸的，冰川也是咸的
天鹅把自己的身影囚禁
在一片白里。春天的湿地草甸像活在世外
一方水土，一方天鹅
一方是山海巨变，一方是历史纵深
一方是大自然的鬼斧神工
以隐忍、博大造就的天池水系
净是不沾尘寰的蓝

赛里木湖的水

蓝得透明，冷得彻底
与生俱来的孤傲洗刷一个干净的黄昏
她每天都与自己的神秘待在一起
鱼群来回吐出已了然于胸的事物
远山安静，她让我一伸手就
触摸到这匹绸缎般的蓝

风在慢吞吞地向着丝绸之路北道爬行
煮一壶酒，与夕阳交换醉意
湖水的内部是高不可攀的天山
不可融化的查干郭勒冰雪
无可比拟的天鹅掠水的霸气
只属于湖水，只属于今生

水越来越蓝，万物越来越清晰
鹰隼从身体里掏出变幻莫测的阴影
画出草原的群山、毡房和马匹

天空柔软，有时候，水没有自己的体温
却偏偏去想念那个已经
阴阳相隔的人

没有来处

当湖水吃掉鹰的影子、草木的影子、毡房的影子
天吃掉水的影子，遍地黄花吃掉日晷的影子
牛群漫不经心地来到湖边
低头吃掉自己的影子

最后，赛里木湖把自己高悬于西天山
断陷盆地中，蓝宝石似的
内心世界，荡漾着一段
忽远忽近的牧歌，唱响关外

在太行山上

生命很轻，骨头很重
命运行走在，广袤的北方
我们已纵卧自己的疆土，胸怀坦荡
热血在每个人的躯体行走
山顶有多高，心气就有多高
我们将站立在高高的太行山顶
碰触天庭，呼风唤雨
星星的亮光，落在头顶，快要下雨时
历史的脊背湿润，沃野千里

今夜的月色，照见漠漠的塞外
照见炎帝的锄头和生锈的土地
一个人从树木里钻出来
便有无数渔猎的人，繁衍生息
躬耕朝代。这里的风
已微不足道，比如声音沙哑的钟声
比如华夏文明，正从这些
沉默的泥土中发生变革

阳光凹凸，在呼喊
在辚辚车声里，跋山涉水
奔向远方

比我们更远的是石头，石头的抗争
来自女娲，深邃的湖水
如一面镜子，一个干净的女人
一头青丝像碧波在身后
荡漾。人类的产生
源于泥土和水，湖水明澈
生灵互通，生存之道
在太行山上，石头也可以指令江山
埋塞洪水，日月星辰都
自然地归向西方

天和地是分开的，传说中的鸟
可以破译石头的语言
与水碰撞，便会发出“叮咚”的声响
烟灰色的石头，在空气中
闪烁着严峻的光。山川起风
时间飞逝，大地已处处风和日丽
而精卫，你还在填海吗?
后羿的弓弩，已射中了第九个太阳
还剩一个，用来
点燃，抵御外侮的烽火

巍巍的太行山，饱含太阳如火的骨骼
多少人挎着风走进来
站起来，向天高歌
人类声音的分贝，穿透秋草
秋草苍茫，也锋利得如此英勇无畏
树木阴阴，挥师决战
晋冀鲁豫边区，在敌后
他们唱起，更悠长的曲调
太行山上的岩石，经过光与热的透射
在世界，站得直挺挺的

汤南村，像一段旧时光

我要乘一场秋风，向一段旧时光追去
从兴仁里到鬼楼庄，中间由一段
夕照隔断。灰青色的雕栏画栋
看不见炮火的痕迹，却见悠悠岁月
炊烟安详地悬浮在汤南村上空
沧桑而精神矍铄

八百多年的石桥烟雨
我更愿意踏着花岗岩石板路
去追寻一段梦境。在木棉花开的深巷
傍水而居。秋风涤荡
让我挥舞泠衫盈袖，与汤仕郎夜话西窗
共枕长塘夜月，修炼一场爱与恨交加的淬火

昔日的繁华渐渐从我的背影里远走
越往街巷深处，我的额角便雕出越深的蓝
如血管里的满腔热血
风在吹动，水中莹莹的蓝，天空中纯净的蓝

如老榕树满怀的风霜
如星星陨落时发出巨大的声响

我永远是那个匆匆赶路的异乡人
纵横九条古巷，浑然不知时光老去
整个建筑群依然坐北朝南
像一群哲人，或者是一群智者
他们每天看着自己的子孙
背着行囊远行，又背着长满灰青苔的乡愁回家

汤南的房子

我梦想有一座汤南的房子
门前屋后的池塘幽深
两条鱼
在阴冷的空气里
与石头靠在
一起。他们随水跳跃
从一面水缀满另一面水
从花岗岩石的轮廓
找到他们坠入中年的答案

汤南是丰饶的
比如在水边安家
屋上的石雕在水中左右浮动
暗红的落日
透着时光逝去的温暖
一幅壁画里，白云流转
像一面光
赎回另一面光

我怔忡地站在水边
心是敞亮的——
秋天的丰饶为里水的汤南村
画上一个完美的句号

黑夜也是宽阔的
它栖息在古建筑群里
波澜不惊
我梦想有一座汤南的房子
回到家
父母安好
一只蜻蜓在布艺沙发上停顿

雨过荔枝林

雨过茂名
就结成了一张网
在我的视线
以外，有许多我不曾经历的事物
将阴沉的天空撑开
草地是湿的，贡园里一本《资治通鉴》
正在书写后续
后来许多大人物的名字
记录在农民工搬来的石块上

雨过荔枝林
朝着白糖罂逃跑的方向
贴满厚实的青苔，杨贵妃很美
但她必须学着循环
屈服于时间的铁蹄之下，远离路
远离马嵬坡的落日
一千三百年后，荔枝的红
薄如纸
什么也装不下，除了雨

孤独

黑叶像要随时长出黑翅膀
飞走，而这一片荔枝林
充满了夏季的雨水
拴马柱没有拴住马匹
只拴住蝉鸣
山上的风很少往来
偶有一两只花瓢虫
在黑叶画上几个月的承诺
马蹄声是无休无止的进行曲
裸露的地面上，充满绝望
在长安，她热衷于舌尖上舞蹈
红唇喷出火焰
可以燃烧半壁江山
没有人知道，荔枝的红
是倒叙的红。植物都需要阳光
需要无声的闪电，照亮别人的思想
当唐朝，已经沉寂
才会有人

想起一个红衣女子
只因得到君王的恩宠
她便可能失去一切

中国第一滩

从此，我只活在
浑圆的日落时的椰树上
一个人行走，一个人将温度升高
热如海，艳如霞光
覆盖长长的海岸线

我永远达不到你的高度
如果不能换取海水，那就换取眼泪
在每一块长着海苔的石上低语
我的声音是咸的
在你的舌尖上跳跃的滋味

像智齿生长缓慢
增加疼痛。寻求着真正存在的意义
你湿润的皮肤，令我欲罢不能
在电白区，你叼根烟斗
便可能乾坤扭转，操纵我的一生

在玉湖

在我眼前呈现的是
一大片的水
流过，时间之慢
我们坐在篷船上
成为她的语言和存在

浪花多情地犁开了这个夏天
在湖水的钟面上
我的影子曲折地穿过
那片红土地。远山很远
把我们带进她的渴望

空气清新，继而甜美
继而纳入诗人们的呼吸
湖水过来坐到我们的身边
告诉我，远道而来的是梦幻还是事实
一次的漫谈，与水相认

荔枝行

根子镇在东南部，多雨
盛产荔枝，被誉为
中国荔枝之乡
白糖罂、妃子笑、白蜡、黑叶、桂味
一望无际的荔海，在六月
穿透骨子里的糖
紧锁着，茂名的空气

仿佛覆盖了一层灰
灰中点燃的火焰
层层的黑叶密集如水的分子
在岛屿，呼啸在火山之巅
我们像驾驶一艘信心十足的渔船
俯身深水
驶向荔枝的浪潮

只想长久地游荡
画眉鸟的歌声，已经成为绝唱

画荔枝、写荔枝
不如剥荔枝。我是岭南人
身体里源源而出的，是荔枝的甜
树枝摇曳，风停止
迎接又一个盛夏的来临

位于祖国北疆的塞罕坝

祖国向东，衍生一群羲和的儿女
祖国向南，雨水濯洗着重生的朱雀
祖国向西，开启如来佛祖的娑婆世界
祖国向北，恣意着一颗绿色明珠塞罕坝
冀北美丽的高岭，以泰山极顶的高度
把“坝”字刻在骨头，筑一个清凉、坚硬的阶梯
通向内蒙古草原，通往今古的围场世界
抬起“高”，抬起草甸
抬起云的故土，抬起得天独厚的塞罕坝

以风雪为神明，抬起“冷”
抬起曾经的“千里松林”
满族八旗的金戈铁马，在广袤的草原
粉墨重彩，登上历史的舞台
云接近峻拔的山岳，绿飘远逼人的寒气
草地上的羊群星星点点
在满汉之间，传递着两种文字
两种声音，以一碑之水

刻上——滦河之源

一朵云就能推波助澜，潮起潮落
壮阔的风景，存放着半部清史
位于祖国北疆的塞罕坝，融天入地的厚重色彩
水鸟翻飞淖塘，斑斓织就锦匹
天造就的“大野苍茫、大雄浑厚、大气凛凛、大雅之堂”
风高，高过北斗星之光
天大，大如再现的恩泽
沃野千里，大有经天纬地的才能
惊涛骇浪，重有拨弄乾坤的辉煌

金莲花

亮兵台在前，金莲花在后
坝上腹地排列有金戈铁马
半卷经书、半部清史、半盏时光
在落叶松、云杉、桦树、灌木、白云和流水当中
藏有蚱蜢和鸟雀
你应该知道更多林海间的事物
你应该知道更多的星星
流逝在“将军泡子”里，来这里
风餐露宿的植林人，绕过御道口
绕过木兰秋狝的栏栅
绕过“塞外黄花恰似金钉钉地”
绕过“京城白塔犹如银钻钻天”
绕过开过的花瓣，和“滦河源”的记忆

羊群像一朵云，停顿在蓝天碧野中
仿佛在居安思危

归宿

进入山坳，犹如翻开生活的另一页
云在涧谷飘动，不散
它时刻保持自己的高度，无声地堆积远方
我看不清它的边缘
和它的不确定性，阳光露出
多种表情，看天际造化，人情冷暖

云被洗淡，一下子就到了腰间
分不清天、地、人
以及淌溪、流虹、滴露
在塞罕坝，我对苍茫一无所知
它的泰然大度和包容使我放慢脚步
仿佛已遗忘人间

万朵白云居住在内心，藏匿于时间的深度
变幻莫测，陷入历史的深渊
陷入一百四十万亩的林海
随时奔赴最长的路线

奔赴壮阔的十月
像翻腾的浪潮
向我奔涌而来

假如你是一棵树

假如你是一棵树
我希望你活着，至少五百年的光阴
而我是宇宙中的雨水
我来到你的内部
我们每天都在倾听涨潮的声音

我希望我占据你的身体
避开物质和能量
在静止的时候，风会为我们指出一条
值得信任的路径
结出一枚青涩的果实
在生活中慢慢熬炼

有月亮的夜晚
便是一段温软的时光
青鸟筑巢，沾满凭吊的诗句
有你，我就希望人间没有
鳏寡孤独

没有潮湿的黑暗
我们只是这样静静地站在一起
便能感觉世界的无穷

泸沽湖

泸沽湖的水，有时候会把你
当成她的同伴
从湖水经东侧的大草海
注入盐源县境内的前所河，感觉是
把我注入你的怀中
一朵朵盛开的水花下
我们是深思的水纹，我们絮叨了
一夜的情话

打开湖水，无穷不息
所有的鱼类都奔走秘密通道
云朵从深处游来
我试着柔软，在两瓣水草间溶化
请你抱紧我
给我一片单薄的吻
半寸谢纳咪的黑
而入夜的猪槽船
让我听到了更深层次的响声

走婚

亲爱的
今夜的声调要轻一些
要学猫的脚步
声音谨慎，而带上十分的温柔

我提着灯，弯着腰等你
发自内心的灯火
我虚构了它，我虚构黑夜降临的钟声
在盛满乌灰的天空里
被你的手指轻轻拨响的雨丝

一张唱片
把我囚禁在一个虚词里
在今后的走婚中
风是最好的见证
它总是替我探寻爱情的虚实

戈壁滩上

1

秋天，是时候了。请收起隐匿之心
在云朵覆盖的路上，你喊我
我就会越来越清晰
我长在红柳花开的八月
有时候满眼风沙，有时候满脸平静
戈壁滩上没有雨
我送你眼泪吧，天黑之前
花会落，植物会收起阴影

2

有一个人捡起一块石头
给岁月刻上文字
我以风的速度在心底种上这个名字
生出满地的月光，或者背水而立
我用戈壁滩上的任何一种效应

来代替人世间的美好誓言

3

大漠不会了解一个人内心的曲折
你也不会。但这一切都是美好的
红霞飘浮得更遥远，风影婆娑
我抚摸着身体里的岩石
它已经失去棱角
若干年，你还会在戈壁滩上等我吗
我已变成小花朵，成就一个你熟悉的天堂

泸州酒史

长江上游传来雕栏玉砌的水声
时光尚浅，秦汉来的酒客
待在泸州的月色中
不敢老去

怀抱一壶泸州老窖
仍心有不甘
为无穷无尽的巴山蜀水
干上一碗春风尽兴

醉汉眼中的浓香鼻祖
大酒和小酒
品出人生的五味杂陈，酒里春秋
倚剑的侠客仍有醉翁之意

三碗、五碗，候夏而出
胭脂马重出江湖
昨日沧海桑田，今日泰山北斗
两千年的水声，一声比一声远

酒的源头

我把一只高脚酒杯放在天空下
一大片明晃晃的蓝显示
它的孤独。我站在舞着稻浪的田野中
俯身和灌满风的杯子说话

酒窖离我还是很远
我在热闹的稻子间隙侧身走过
仿佛走出，众说纷纭的人群
和转身而过的寂静

我背上的阳光明媚如潮
她们紧贴着我，我无法撕开
过去的种种因果
回头瞭望，酒肆发光
门前一青一白的酒旗飘摇不定

葵花

等月亮升起来，我们就去种葵花
等葵花的金黄成一片
我们就留下一朵
让她与月亮形成对等关系

葵花不顾一切奔赴，回绕太阳
花丛簇拥的匠心和她的
向光性，我是旁观者
也和她一起经历

阳光坠落的疼痛，生命燃烧
每一颗葵花子
都在内部相互推敲
仿佛大太阳下，人类的挨挨挤挤

时间慢，斟上一杯老酒
在大地的桌上摆放
我奢望未来是一片宁静致远
天空纯净

自斟自饮

春天和雨水都在自醉
唯有我拖着一张清醒的脸
在镜中，我看到一片叶子的形状
绿色的灵魂，在梦里继续奔跑

只有这寂寥的液体
噙着一滴泪，海水的滋味
湛蓝色的空间已打开自己的局限
杯中的辽阔是人生的另一面

仰起脖子，哪路英雄创造
窗外的风调雨顺，歌舞升平
路灯下人性的缩影
隐藏在落叶，层层叠叠的包裹中

饮酒词

烈酒锁喉，但愿长醉不醒
脱下肥大的皮囊
更觉愧对粮食喂养
一觉从南，一觉从北
一觉在客栈，与吕岩共煮黄粱

廊下的青蛙唱着佛曲
与时间共鸣。父母从故乡来
攀着扶摇直上的长梯
带来的那一轮月亮挂得老高
仿佛襁褓中的一盏目光

在醉中，可以解千愁
而醉中的梦，是最柔软的锦匹
夜夜花团锦簇，耳语温存
谁都愿春风得意，策马扬鞭
不再回头

滨海之声

1

猛然发现声响，有水从我的手中流过
被蓝熏得着了魔的海浪
一遍又一遍重复着
一个字

一生只为这一个字就活到老了
我耳中的大海在远方
干净地呼吸，白鹤飞起飞落
命运的潮头此起彼伏

黄昏的光线拂去了我肤浅的想象
沙滩白得更耀眼了
我想起这几年的奔跑
如今和椰树林，撞了个满怀

2

大海里的水纹像一条条长凳
我们深陷其中，看着自己的戏份
落日下谢幕的云朵
一一浮上水面
像是刚从天空坍塌下来

内波带来的花朵
清丽出场，仿佛能洞穿内幕
大海像一个巨大的杯子
盛满人生的悲喜

我和你灵魂相依。以一颗礁石之心
收纳未来所有的风暴
平沙落雁，礁岛和渔港日夜相对
与阳光白头偕老

3

水汽凝结，白露为霜
爱情的渡轮在滨海画地为牢
圈一方水域
为神魂颠倒的鱼群安家

等你，洒下千年的白月光

千军万马将要踏破
怀中之水，波涛汹涌仿佛快意恩仇
下一辈子或者下下一辈子
都无法还清
你我欠下的缘

磁山瀑布

积雨的云，也堆积光阴
直到往事越涂越厚，从山后传来光线
雷声在瞬间爆破
如鼓乐鸣响

飞瀑像一条缎带，从天外飘来
流水的曲线，鹰的曲线
岁月在一个人的内心，措手不及地
画出炊烟的弧度

玉珠撞击岩石的声音
在水的内部，形成一座热闹的广场
在眼前动荡的万顷珠玑
就像有很多人，同时奔赴他乡

银河飞越，水雾悬浮在半空中
仿佛时间也停住脚步
唯有仙人台的栎树撑开大伞
遮盖世事沧桑

磁山遗址

一片柳叶沿着它的发展史
慢慢后退，我们看到的石磨盘只是仿品
同一时期的石镰、石铲、石刀、石斧
历史将赋予它们更多的使命

一粒变质的春粟、陶器、鸟骨
与植物标本
一起回到新石器时代
历史这座深海，吞噬着时间

我热爱大海，已有七千余年
如果海水尚浅，灵魂可以自由出入
可以发掘更原始的光阴
追逐水草而居，一代一代相传

如果石头沉默，光影叠加
更多的谜团，将会一一浮出水面
那时候的月亮
可以照亮一座丰碑

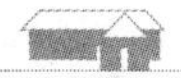

仙湖映月

山月沉默，看上去历时已久
她涵藏在磁山南麓
的东坡。离人群很远
风声、虫音、月亮荡漾在水中
时断时续的声响，像是到达我的身体
来来回回走动

水波的褶皱浮动
仙姑湖的月亮时圆时缺
影子镶嵌在天空
山中安静，掉一片落叶
也能洞察世事。我不想泛舟湖上
把云朵搅得如此慌乱

青山葱茏起伏，一瓣月光将秋天
带进故事中，借西风这把密钥
开锁。一片蛙鸣
是普度众生的佛曲

候鸟传经
仙姑慈悲为怀
草木通过湖水重返人世

也是故乡

良井

我从惠阳区中心往东北方向行走
北纬 22° ，东经 114°
油草则不分地理经纬度，跨步而上
遍布眼前，在风中抱着一颗怀乡之心
迎接农人踏步而归

在阳光的喂养之下，良田千顷
大片的农作物令我
无法感觉孤独，即使是独处
远处老牛的“哞哞”叫声，像在你一言我一语地
回答心中的疑问

树叶是温暖的，它们的生长与清代井水的传说
相匹配。“文化之乡”这个称谓
就是源头活水。我用春风十里
预见良井的好风景，一切熟悉的事物
就要地覆天翻，通向未知

十七个村庄都在奔跑，他们前往同一个方向
跟着春天，在田间地头与我相遇
我所敬仰的良井人，惯用勤劳和善良
完成一个美丽的蜕变，村道上闪亮的蝴蝶
飞在转角，飞在道路的尽头

在矮光村

把日子交付给五月
用阳光去播种，用风的语言去说话
在一个不属于雨水的季节
时代的高度，像禾苗一样拔节、生长
我珍惜这种庞大的信念
新的名词诞生，新的稻穗在初夏
蛰伏在辽阔的田野中

站在稻田中央，站在水中的蓝天和白云之上
新的事物加倍地增长起来
掠过我们的头顶，那只领头的大雁
鸣叫。深入到体内的声音
一阵高于一阵。相隔四十年
我回到矮光村，我依然不善于在烈日下
调节体温，初心不变

大白村

一开始就是绿色，风不是很大
我确信，我们的血管里
冲击着草木的清香

五月就是一个爆破点
植物都标新立异，在梦中站直了腰身
村道硬底化的工程引领时代的车轮
朝着山地拓展
田园的风光都是丰富的
岭南的好山好水，造就全新的“客韵东江”
慢生活，是文化主线
可以坐下来陪你一上午，我们有的是时间

透过浑圆的露珠看大白村
寂静的鹅卵石，站成了一道风景
在河边，懒洋洋地晒着太阳
想借岁月之手，拖一条细致的竹竿
把这群顽皮的鸭子，赶进池塘

时化村的玉米地

音乐，在夏天的弦上
哗啦啦的水声
淹没了，季节的叫唤
被风递出去的玉米叶子
生长期的顿号，或者冒号
在泥土的内部，做较大的停顿
来自一个全新的生命系统
根须是火热的，按键
从拉丁学名，开始启用

土地对于你，向心的引力
那些响动，锋利地切割着这个夏天
每一根骨头和每一个细胞
都在等待一个完美的际遇
我还不敢确信
我是你的第一声惊雷
经过时化村，大片的玉米地呈现在眼前
一次意外的闪电
就要从宽大的苞片中冒出来

西华古寺

雨水像麻线，编织着矮光村的世态
红墙绿瓦的西华古寺坐落其中
容颜未老，香火已沉寂

寺内还站着一尊华佗神医像
背着药篓，目光深远
仿佛已看穿，世间的生老病死

梵音清凉，丝丝入扣
观世音的妙手，使青草重新返回大地
风在屋檐下，吹出一片古意

两只鸦雀飞落到屋顶
瞬间又离去，留下悠扬的钟声
被几缕轻云带走了，六百多年的光阴

矮光村

槐树的影子倒立
在整洁笔直的村道上
我们的头顶，蓝天如镜
阳光闲适，布满农家的屋顶

春风里挤满鸟的叫声
田野是新的，温室大棚里的蔬菜
像人一样坐在土地里
沉思默想，选择方向

穿上薄暮的水稻，安静地
盯着那群回家的孩子
岁月时刻擦拭自己的挡风玻璃
他们怎么走，一切都很清晰

途经大福地

已经很老的大福地
仍然是，九厅十八井
从井口看天空，不见云朵
只听见从村东或村西那头传来的锣鼓声
像是历史吹出的一场大风

斑驳的墙上，刻着中原古朴的画卷
一百五十多个房间里
坐满了泰然自若的杨氏子孙
他们都在准备，背上客家的乡音
重新上路

奔跑的过往车辆，是时间留下的镜头
池塘也很老了，把自己的身体
弯成半月的形状
围屋低着头
像英雄一样，承载着侠骨和乡愁

将军路

将军路很长，长入血管
擦出火花，点燃一段弯弯曲曲的抗战史
所有惠阳人都知道
“人要上行，叶要上挺”，而这条将军路
正通往叶挺将军的故乡
青山绿水仿佛是一张温暖的被单
覆盖着大地的身躯
衍生伟大的思想
并深情表述：“振污世，起衰溺。”
应该是“一大包的热血包裹着一堆骨头”
一路向北。马是战斗的马
刀是英勇无畏的刀
浴血奋战，开辟一条救国的道路

将军马嘶，北伐战功赫赫
仿佛是绕日的天体，革命的彗星
围绕着太阳，接近光和热
龙在云中，虎在风中

造就一支战无不克、攻无不胜的铁军
用南昌起义的烈焰焚烧
旧中国。他将战马的头颅高高昂起
始终忠于党，忠于祖国和人民
“强兵富国”是他的志向，可是
壮志未酬，他先倒下
像一颗璀璨星星，消失在天际
这一天，叶挺离开了
可是他的精神，傲雪青松般永远翠绿

客家人故土种植的红色文化
根深蒂固，饱吸养分
每一片叶子里渗透出一个骄人的信息
每一段文明，流露着先民的智慧
历史是旧的，记忆是新的
高尚的情操，繁花一树
立在将军路的两旁
演绎着百折不挠的革命信仰
依然是挺直向上的优良传统
一路延伸，仿佛一道波澜壮阔的风景线
重现将军当年的英姿，倚剑高歌的阳光
在改造归善的土壤
春风一转身，便是一个美好的新时代

周田村：时间在前行

周田村，时空是光滑的
当所有的时针
都指向你，我正在奔向你的路上

你的花海田园
大道平坦，阳光向右移动
今天的气候是风调雨顺
景象是国泰民安

从秋长镇，走向侨乡文化之村
叶亚来故居、叶挺故居、廖似光故居
所在地和屹立在周田村的
全国爱国主义教育基地
造就“千秋客家文化，百年红色经典”
时间在身后，留下一大串的数据
某一时段的“嗡嗡”声
提醒自己，要一直向前行

一切都在时间的预言里
周田村，古樟树
树根像五指，掌握人间的悲欢
掌握四十年的雨水，灌溉新的量子

新的策略、新的元素
最新的土、气、火和水
牛顿定律计算出周田村
完全的状态。土地是富饶的
谷物是丰厚的，欢呼雀跃的鸟类和
正在上学的孩子，组成
最美好的部分

客家人写就时间简史
老皇历，就像我们缅怀的先祖
一页一页地翻过去了
而周田村，已习惯沿着叶挺独立团的铁军精神
把新时代的风、云彩、霞光
组成一个新的梦想
为我们规划出辉煌的将来

将军故里

黄叶飘落时，秋天便有了厚度
秋天怡养了高尚的性情
水土培育了宽广的情怀
在秋长周田村，停下来的地方
便是故乡。叶挺生于此
他的魂，必归故里

铁血男儿，征战沙场
不需要太多的明月夜来思乡
露珠是暖的，心湖的水也是滚烫的
亲人的眼泪一直温暖着前方

读书亭、望乡亭前满目花香
松柏巍伟庄重
叶挺的墓地坐北朝南
穿越百年，在历史的回音壁上
唯有今夜没有诗
不能成眠

惠阳乡村

我倾慕的惠阳乡村
现在披上了新的词语
乡村振兴，像一场浩浩荡荡的流水
激荡着人心。今夜惠阳的天空星光闪烁
客家人的屋顶上明月千里

我们有良井、淡水、秋长
沙田、镇隆、新圩、永湖、平潭、三和
这些有着钻石般质感的名字
响亮叱咤风云的雷声

它们代表着新的群体
代表着二月春风，吹动惠阳的山水
代表着四季，一面鲜红的旗帜
代表着浴火重生，万象更新
代表着泱泱水稻，良田千顷

我低头看见，四周都是饱满的谷粒

散落在天地间。飞鸟成群结队
飞进向晚乡村的清风
带来极致的好日子

登上亚公顶

进入林子的人，都被薄薄的空气包裹着
我站在远处，看见人群
从低处背着阶梯，在往高处移动
亚婆顶上的阳光，蹲在半山腰
仿佛真有一个身着青衫的阿婆
日夜复制她的传说

亚公顶还在更高处
时光拐了一个弯，再往前就迈进了自己的老年
叼支烟斗，坐在顶峰上吐着烟圈
婆娑的台湾相思树、矮脚松、枞树陪伴左右
偶尔一两只杜鹃鸟
贴着它们的阴影飞翔

登上山顶的人
身体里都住着一群鸟
时日变迁，在栖霞亭睡去
哪一天醒来
所有的记忆，已被自己的叫声覆盖

亚公顶峰的白云

亚公顶峰的白云
在飘，雪白地混着光线进入我的眼睛
飘浮在空中的聚合物
上帝知道她们的乡梓
大气中的水汽
她们的冰点
在靠近我心脏的地方滚动

远在天边
却和我做着相同的梦
温存如母亲的双眸和父亲瘦长的双臂

亚公顶峰的云，是故乡的云
我坐在顶峰上寻找
爱的港湾。她们用语言覆盖我
仿佛是亚公在我的耳边
用他的客家方言
絮絮细语

大鱼街

我站得其实并不远
就在淡水镇
两块青石板之间茕茕独立
背后的青砖瓦屋和怀旧的木门
令人想到一座复活的时钟
在客家人的墙上，为生活分秒必争
大鱼街老得只剩下影子
街面不见人头拥挤、商贾云聚
“大鱼”已在一首诗中沉寂

但是在风中，我仍然能闻到
咸的味道。一片树荫
百年的枯朽。我这个匆匆的过客
每跨出一步，都能感觉到水的回旋
旧时光和新事物的交错
于是我停下来，在胡同里的一家包子铺坐下
一位客家妇女做的包子

圆润、浓香。腾腾热气上升
仿佛大鱼街几千几百年剪不断的
恩怨和情仇

月亮西照

这一天，淡水镇有风
是个多云的日子
月亮像一艘明亮的大船
在云层中划过。我站在我家的天台花园
数着被她照见的楼宇
居民楼的窗户密集地停靠
我的眼睛是满的——
我已看不见比她更执着的事物

她存在于世界的转角
左右着万物的轮回
或者是她，收留了今夜在淡水大街上
匆匆而过的陌生脸孔上
浮现的忧伤。她以光将世事复述
包容所有人在他乡的暗淡
今夜望见她，我不忍背过身去
她的光像母爱无处不在

她寂静如海洋，并且赐给我一张
淡黄色的船票。我渴望这单程之旅
一直向西。远在天边的一颗星
就是一滴泪，我安于凡尘
终有一天会追随明月
扬帆离去

东升村

蓝，只是一个起点
东升村醒来，会有更多的渔船贴在天边
我也是由渔歌和白鹤
贴出来的图案。我数着仍旧
匍匐在晨光的岛屿
庙洲岛、挖仔岛、红排岛、刀石头岛
众星捧月般环绕着东升岛

如此五岛相望
而我，是你们的眼神组成的吗？
我也是你们在霞光中
撒出的大网，银鱼跳跃
我便倍感幸福，这些年来
海雾冲刷，星星遥远
仿佛是一道光，从这些低矮的瓦屋上升起

人民公园

冬季不冷，绒毛大衣恰到好处地
裹着幸福的日子
没有人在寒风中举步维艰
没有阳光照不到的阴冷角落
红旗下，呼啦啦的人群
整齐地跳广场舞
开心的笑容，被阵风
一字排开

在绿树成荫的人民公园
叶片阔大，叶脉绵长
祥和的空气遍布
惠阳，这座年轻的城市
土壤是新的，草尖与嫩芽
生长一个时代的丰饶
动，如脱兔般活跃
静，已是万象更新

天空高远，寒风送暖
春天就在不远处
遍布繁花，铺垫五彩缤纷的梦想
色彩是厚重的。日出东方
金色的辉煌在呼喊，一个欢欣鼓舞的黎明
激情诞生，高瞻远瞩
脚踏康庄大道，头上祥云朵朵
福泽人民公园里的人民

麻雀，你早

被阳光唤醒的麻雀，第一时间
就往低处飞。它们飞落在
大地上，在环卫工人的脚下觅食
一点都不畏生，不拒绝
人间烟火。有时候集体扑腾着翅膀
钻进枝叶稠密的大树
猫着腰，蛰居在它们热爱的城市

我生在岭南，和小小的麻雀一样
爱着南方。我已习惯
它们闯入晨曦中，连同我的梦想
一起带进春天。带向被春风呼唤的祖国
带进一个居高临下的理想境界
像绿叶那样每年都长出新的嫩芽
头挨着头，身体挨着身体

和许多平凡的人一样，挺起胸膛
挺直硬朗的腰杆，有自信，有担当，有希望

有黄金般灿烂的笑容，脸上
垒起光线。像勤劳的麻雀一样
在黄土大地上，飞起飞落
一颗拳拳的赤子之心，振发向上
爱家乡，建设家乡

城市转角

我每天都看见那个
半疯的乞丐
天黑时
就蜷缩在
华润超市的转角
破被子里冒出的棉絮在风中
张扬着，好像在哂笑
这个城市
他的脸很黑
看不清他的眼里深藏的
是呆滞还是睿智
他躺下，并没有马上入睡
有时候往手臂，狠狠地抓着
抓到虱子，扔嘴里咬破
抓到污垢，望着天空一阵咒骂
曾经看不顺眼的
如今都成了，他的仇人
今天的风不大

他可以，将自己随意安置
不会被冻死
当路灯的微光降临地面的时候
他停止观察我
深沉的夜幕淹没了我
而他是唯一
知道夜幕深沉的人

在商贸广场

商贸广场商贾云集
卖衣物的、卖包包的、卖化妆品的
卖奶茶的、卖臭豆腐的、卖章鱼小丸子的
唯独一个老年人，是卖水果的

她看上去有八十多岁了
白发像
一朵生长在头顶的白云
载着她的一生
流放，在淡水镇
所有闲逛的人，看她一眼
就走开

篮子里摆放的木瓜和阳桃
冷冷清清地
看世事。月亮斜照
低头弯腰，从冬天的拐角
又到一个春天

没有人知道她蹲在这里已多少年
两篮水果耗尽的岁月
像流淌的河水
我也同样，一去不回头
书桌上摆放的木瓜和阳桃
已霉烂。我倒了
换上新的

每天看着它们
我才安心写作
文字里透出的亲切感
像古井水那么
悠长

年味

淡水人过年
最讲究的是祭祀
大年三十
天刚亮就起床忙碌
供桌是圆形的
香炉要大
插一枝松柏
两支大香带着
两支中香
跟着九支小香
两边插上大香烛和小香烛
三杯烧酒
三杯香茗
中间最显眼处摆放三牲
鸡是跪着的
鱼要整条
熟猪肉一大块
苹果八个，橘子满盘

各类糖果饼干放一起
茶果各一盘
八点整点燃鞭炮
火药味与香火味混为一体
飘得远，飘不高
铁皮桶里烧着的符纸
火苗蹿得很旺
预示着今年
是好年

异乡人

他的夜晚停留在一片瓦砾当中
等待着黎明
一只麻雀从远处飞来
在贫民区的屋檐上
落下。漆黑的瓦片承接它的小小重量
和它叽叽喳喳的叫唤
破晓的亮光，来自更高的楼宇
高楼的阴影下，微微的寒意
使他感到衣裳的单薄
村舍的荒芜。新的一天
他不知道将和另一个异乡人
在何处相逢。小路蜿蜒
在路的尽头，母亲坐在遥远里
麻雀带着异乡人在飞

哑

一只鸟
在围栏上跳来跳去
它无语，斜眼注视
铃兰的美
试图开放一个
更大的假想空间
黄昏、我、花朵、布谷的钟……
时间
诡异地流逝
我未能捕捉到它最后的渍迹
滴答之声由远而近
围栏上的鸟扇起翅膀
在邻家的瓦楞上
逗留了几秒
扑棱棱
离我远去

院中

苹果树夹带的鸟
叫声
在三角梅第二道花絮上
点了一下，然后是
阴影，高高低低
也没看清
是什么种类

两只或者三只
草地上啄食
被清晨的第一道阳光
冲走
茑萝
五角星的红
印在它们的脚丫上

圆圆的、细致的龙眼披着露珠
闪闪发亮，像佛前的念珠
虔诚地挂在院墙上

天黑了下来

正午的天是黑的
沙发与茶几的缝隙
亮光，有一
游离与消逝
在穿着高跟鞋的脚上
那一瞬光
重返小阳台
叶片隐匿
开着的茉莉是一片模糊的白
其实，我也没有
期待什么。燕子的“呷呷”声
剪断雨丝
我知道夏天已经
来到我的屋檐

中秋望月

雨停了之后
月亮就出来了
月亮爬过的地方
云层渐低
我望着硕大的黄月亮
不敢确定她是不是也望向自己
并不是要在雨天
月亮才飞翔
并不是在雨停之后
月亮就会飞到乳城镇
开出蓝色的花朵
因为我的母亲，也喜欢蓝色
月亮的蓝
和大海的蓝一样汹涌
一样是
从二十二年前出发
离开母亲，避开层层的云朵
中秋之夜的月亮

把自己悬得越来越低
直到碰触
我额头的伤

蝉

刚从洗衣机里取出丝织物
准备晾晒
突然耳边传来
西塔琴一般的乐音
我停下手中的活
悄悄走近
一只拇指大的蝉
趴在桃树的细枝上
风也没能使它停下来
它是太阳最好的
搭档
在炎热中
光凭胸膛的振动
就能制造出这般的喧哗
我站着
有点儿无所适从
我希望它振翅飞离
又害怕
它离去后的寂静

雨天

雨珠在地面弹起又落下
溅湿我的裤脚
我后退
两旁的路灯则向前进
它们似乎不是很好的陪伴者
我所有经历过的事物
它们都袖手旁观
在雨越下越大之后
手中的伞已不能保护我了
我蹲在屋檐下——
发现这座城市有许多避风的地方
光线从窗户透过来，有一丝的暖意
我闭上眼睛
雨打击雨伞的声音
已将它遗弃

虚掩的门

瓦片传记

瓦砾不会计较与陶土的关系
它们在大腹便便的窑中
受到火光轰鸣
而我们需要了解的是：一脉相承的土
以什么角色覆盖在屋顶上

它们的颜色发黑
天亮以后，才敢面对光明
那时，时间被钉在墙面
我被允许哇哇大哭
说出最小的词语

或者说是声响，唯一可以接近的事物
就是，抬起头欣赏瓦片
那些暗黑的、细致如发的教条
在屋顶的缝隙、流动的光中
毫无保留，漏下来

对于时间，我很惶恐
并做出无声的抵触
墙上的秒针，像移动的地平线
用我完全听不懂的语言
带走了黄昏

眼睛里唯一存在的符号是
日历，一连串的
阿拉伯数字。子孙在日新月异里做着
加减乘除，姓氏画出
锦绣前程或腐旧的版图

在春天，尘世纷乱
河水奔波，大雨倾盆而下
阴阳在内，草木抑屈而起
传说，瓦片编写天干和地支
操纵着葱茏的人世

虚掩之门

就这样，经过一扇门
从缝隙里漏出光线
它有权保留自己内心认可的事物
门外正暴露黑暗
它漏出光线，想透露一些信息
等待、期盼或者是
直接到达未知的世界
明天毕竟又是一个明天
众星已寂静
它仰望天边，唯一的启明星是如此明亮
大鸟准备高飞
天空每天都从一个模糊的开始
到湛蓝、透明、纯净……
有生以来的命运是关不住的
它需要一双破解密码的手
它需要你轻轻一推
它这一辈子的坚守，就会全身瓦解

螳螂

月光没有铺满山坡
但给我错觉
一个人站在黑暗之中
似已被空气吞食
世界无穷大
我无穷小
前面是黑灯瞎火的老房子
在祖父之前已住过
两代我没面世的先人
我从外乡回来
看见母亲从灶台上抓螳螂
喂了香油放回草地
嘴里叨念，先人已逝别再回来
从此我对螳螂
特别敬畏

谅解

让疾病谅解身体
让命运谅解坎坷
让丛林谅解走兽
我则站在低洼之处谅解黑暗
一阵呼啦啦的大风赶来谅解秋天
孩子啊，你在远方
一定要回来谅解父母
当一切都回归到我们所渴望的
你就会坐在
暖洋洋的大石头上
喝着咖啡
谅解尘世

钟摆与蜜蜂

夜间的钟摆容易被人忽略
它将时间刷了上去
整点时
“嗡嗡”的声音
让我误以为
一群蜜蜂
从花园里飞进来爬满横梁
我梦见，空气甜蜜
吸进肺部
盖住了以往的苦

因果

蜜蜂躺在白玉兰花瓣上
就好像我
躺在洁白的裹尸布上
从前我和它相互观望
就是为了今天
它能来送我

面朝大海

1

面朝大海
你像水那样微笑，如此完美

在黑夜中，看不见星星
但我想和你一起明亮
高举一盏温柔的灯火，往爱情里打桩
用铆钉扎紧身体深处的秘密
你用陈年的咳嗽
我用散布在支气管里的喘息
我们与疾病彻夜长谈

疑似在梦中扬帆
而你的船只，却驶向我的清醒
近在枕边的秋天
风的味道，月光的味道
细白的盐粒，爱情的味道

2

海水变暖
有涛声经过我的身体
流向你。一天就等同于一生
一生可以厚如半壁江山
也可以薄如纸
涨潮时的波浪像一群野马
千钧之势，在舌尖上
快如闪电地奔腾

潮水都漫过来，诉说衷情
我在一切的声音里
只听到你的声音

3

把黑夜均匀地涂抹在屋顶之上
推开一扇爱的窗户
我将以最朴素的面容
直面黎明

而我也渴望，大海里的风平浪静
晨光复苏内心的安宁与自由
跨越你我的界限
我们在爱的光芒中
完整无缺

月光

月光从底部漫上来
蓝色的窗棂
已有细微的冷意

在窗前
阴影像一张纸那么薄
那么容易让人
洞穿的秘密
我随时都可能走上去

走上月光清冷的河面
我所能记起的事物
都变得模糊
从南面吹来
略带潮湿的风
花的香，若有若无
呼吸人世间的污浊之气
我从一场催眠术中
清醒过来

标记

大雨冲刷，这古老的深灰色
我的目光，像一只灰猫
在这异乡的屋檐上溜下来
脚下，是风情街
人影幢幢
一些发黄的叶子
被大风搬来搬去
因为慌乱，我忘记来时的方向
就我一个陌生人
我没有帽子
可是
我很想回家

飘散着
歌声和酒香的城市
每一扇窗户都蘸上暮色
闪烁的灯火，灰色的轮廓
在这异乡的屋檐下
我蜷缩着，像一只灰猫

一些不着边际的思想
穿过潮湿的叶子
扑向我
眼前是一张一张
撕开的挂历，红色的字体
标记是：1995 年

与一朵花对视

与一朵花对视，灵魂由远而近
眼睛将是被点燃的灯盏

我开始凝视自己，陌生人的缩影
正在接受火光，一点一点地褪尽黑暗
一朵花，站在纯净的枝丫上

黄昏去了又折回，阳光完成
最后的呼吸。一朵花用芬芳写满我后半生

空旷是我内心真实的状态
与一朵花对视
我们相互交出身体的解码器

明天

明天将不会有雨
天气和暖
蜻蜓停在草地上晒太阳
我打开窗户，户外
是一个开满玫瑰花的广场
我等着，蝴蝶飞进来
蜜蜂飞进来
果蝇飞进来
然后是，蜻蜓带着五月的阳光飞进来

算计明天

我打算在 2017 年，一整年
早睡，晚起
像猪一样嚼着茅根，躺在
草地上晒太阳
要风有风，不要雨也不得雨
把伞晾在阁楼上盛尘土
蝎子成群，乐此不疲

我要在月光下听音乐
闭上眼帘，一生无所求
不管明天的风花，后天的雪月
没有秋水，没有誓言
门前的草叶自顾自地开花、结籽
黄莺一趟一趟地来
再一趟一趟地走

2017 年里不需要写诗歌
不去终南山

不上桃花岛
偶尔关上天窗，和自己说说瞎话
或者在闲暇时做一两个糖点心
再把两个宝贝喊回家

立春

杧果花的树冠盛满麻雀的叫声
春天在清晨
突然就热闹起来
这声音的传递
有时候是风吹树枝在晃动
有时候是流水附和于
万物。阳光穿越黑暗远道而来
在急速地填补
漏洞。开门、开窗、洗漱
农民在田间地头
商讨春耕
事宜

云上的日子

再往上就是神明，他们俯视我
对我的处境了如指掌
我躺下就是一片云
一张随风的信笺，铺开过去种种

秋天借我一双翅膀
在空气中疾行。我的尴尬叩不开
紧锁的大门，母亲告诉我
门里面关着的一切，全是虚无

云上的日子，是飘忽的日子
一个人反复对着影子自怜
看着流星尖叫着划破黑暗
它说怀念一个脚踩实地的人

站在路口

风将落叶打发得满地都是
你的背影将灌满
整个林子

鸟藏在黄昏里
我藏在你的孤独里

你的声音带着草木的战栗
就像露珠亲吻着清晨
在爱的轨道上，我无奈地离开
火车的汽笛声穿越了我对你的想象

听琴

看云。听琴
感觉是，云在看天上看你
高处隐匿的词汇
比在一首曲里
听到的更多

远处是海，飘忽的白帆
水波。四周寂静得
没有记忆
生来就是如此
丰沛的语言，是云和琴的合奏

空气中的事物，应是
散发着苹果花的
味道。几簇新的泛音
在指尖上，生出露珠、鸟鸣
和淡绿色的野草

不只是日暖、花开
水流，鹅卵石的温度
山的重影，带来的喜悦之心
凡事都可以遗忘
在鸟骨的最深处，春的回归

池塘

池塘的泥土沉寂在水下
沉寂也是存在的
一个方法
有时候池塘很热闹
满月、鸣虫、青蛙端坐在荷花的影子上

有时候池塘是一座古老的废墟
月亮像一面铜镜
天空有多老，她就有多老
她的亮光在拐弯处
急转直下

被云遮盖时，这一切将会结束
我相信不是因为残荷
留下的美。一场爱情的盛事过后
池塘的泥土沉寂在水下
能待多久

在水之湄

站在岸上，回头
看见白裙子住在水里
和水草纠缠，水波荡漾
悲、喜、受伤、破碎
我想起前世，想起水的容量
远大于世间万物

以至于天空低于水面
云朵飘动，而炊烟仅是一路
延伸。这广袤无垠的水
匍匐在人的面孔之下
这恍惚的一刻，我满脑子
都是人间的一些琐事

太阳的亮光

太阳的亮光剖开一片树叶
树叶飘动，抛下
一段忽明忽暗的弧线
树上的果实其实是
被风吹来的

太阳的光过于耀眼
以至于鸟只能歪着脖子
躲避她。鸟恨自己的脑袋太小
装下自由和飞翔之后
就再也装不下
别的东西

雨孩子

如果没有风
雨孩子将会直线来到人间
我数着线条，这是他们的构成
我如果能够控制
身体里的这只野兽
阻止它在雨中
乱跑
干扰他们垂直降临

雨将会是雨丝
和风。可以在天上
更远的方向。雨孩子挣脱内心
快乐或者叛逆的雷声
他们只想着如何
填满人世
那些
苦涩的空白

秋天，抓住第一场雨

被秋天抓住的第一场雨
毫无保留地打在
地面上
从屋檐上滑下来的滴水声
像从故乡嘴里吹出的
一段曲子

秋天也有秋天的秘密
尽管灯光缠绕
在凌乱的电线上
让我无法分辨
秋天的雨
注定以哪种形态存在

或者因为风
突然转向
在我暂住的这座城市

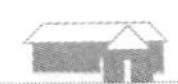

留下无数疑问句

我被黑暗守着

今夜的梦已无法成为最后的证据

永恒的石头

石头的内部
明亮如光
我和西西弗斯
推着一块石头回家
我们每天把它推上山顶
又看着它滚下来
永无止境的
伊特鲁里亚的风
吹过来
令春天倒着走
冰天雪地，运气
也一定不会比往常差
今天
西西弗斯内心宁静
我则心潮起伏

石头的心

石头在路上等我
每次我都会在黄昏抵达
我坐下
向它敞开胸怀
我们夜话寂寥之美
石头总是在路上等我
我在黑暗中
才能摸准它的内心
我尝试着向它赞美路边
开放的花朵
依附花朵的蜜蜂
蜜蜂后腿携带的花粉
花粉的繁殖性能
我层层推进
石头却一跃而起
向前奔去

搁浅的心

扬帆，鼓风
十五年。婚姻行到此处
时间已经把它抛下
我在镜中剥出
另一个我
海的呼啸使我停顿
在那里，帆影写下一个
巨大的问号。天空还是蓝色的
细沙超越了自己的界线

我的心在你的港湾
已经僵硬
珊瑚站在星星的边沿
举着灯盏
我是黑夜被照见的部分
孤独而空茫
一只鸟将自己

抛向空中，落到了远处

我的视线不信任

这未来的预见

小雨点

顽皮的小雨点张开翅膀
飞来飞去
他揉揉柳树爷爷的长胡子
柳树爷爷的胡子全湿了
他摸摸种子的小脑袋
种子发芽了
他缠缠桃树的枝头
桃花的眼睛眨了一眨
露出红红的笑脸
伸了伸懒腰
说：春天睡醒了

核电工人

走进台山，在一群核电工人身边
听他们讲述：一号机组，二号机组
签约的点数和实际完成的点数
再听他们讲述：温度与耐力的故事
我闭上眼睛，努力想象
高技术工人贴地施焊的过程
那一团火，点燃了身体里每一个细胞
热血毫无疑问地流遍全身

如果把爱都给了核电
那么，就把一份冷清送给家人吧
在风雨交加之夜
车间里的水漫上腰椎
他们毫不犹豫地把心爱的焊机，高举过头顶
高举着这一份荣光，直到水退
这份保护已全部献给核电
没有时间陪着新婚妻子度过浪漫时光
没有时间迎接亲爱的孩子降临人世

中核的黎明，阳光如泼墨
洒向这群以劳模命名的建筑
占云台、中勤居、爱德轩、建宏榭、金凤阁
我数着，这些被高温熔化的名字
房子里住着的，都是勤劳的人
他们当中有许多，核二代或者核三代
一身的孤胆，英雄的传承
透过数据，成功超越了法国、芬兰
超越时代的自豪与骄傲

大阀门、大钢管、大支架
透析出庞大的信息和正能量
蚁巢一样的生产小组
构建质量的终身制，无一不
承载着核电人的雄心
寄托着辽阔无边的热望
默默无闻的中国核电工人
用精密的高技术，挥笔写就祖国的辉煌

核三代

在他的脸上蛰伏着阳光，也蛰伏着汗水
手上蛰伏着老茧，也蛰伏着光芒
曾经的磨砺使他骨骼雄大
纪念碑和功勋像闪电
沿着管道的明天，雷厉风行
一堆冰冷的铁，主宰了三代人的热血

三代人矢志不渝，沿着核电的道路启程
时间在基建的轮轴上飞跃
是谁回眸喊一声：丁凯
是哪一盏灯火，发出亲情的号令?
是那品德高尚的血浓于水
是那深厚的真挚带来力量和暖意

当暮色与曙色相互照面
一天的时光流逝，业精于勤
“一次把事情做好”

这是命令。其实父辈所有的工匠精神
他都有，硕大的管道造就他
身经千锤百炼的磨砺，面对挑战更英勇无畏

宁乡造梦人

在梦中，宁乡是每个人的故乡
搅拌机的“隆隆”声
是如此亲切，每天早起
从脚手架上登上人生的舞台
演绎有悲有喜的生活

你已默默地契入这个城市
在混凝土与钢筋中间穿梭
明天，在这里
将有一个窗口飘落鹅黄的灯光
你渴望的城市之美

宁乡的建筑物，都矗立在光明中
东邻望城，南接湘乡
江河相映成趣，像怀抱着美好事物
在图纸上摇曳的稻花香
是如此辽远

城市辉煌，楼宇灿烂
你藏身在比远方更远的人群中
整装待发。在时间的体内
还有一条尚未被我们听见的河流
在建筑工人的梦中流淌

工地

你的手塑造一片蓝的天
一个阳光明媚的生存广角
钢筋、砖瓦、电线
你用抹泥刀砌起心中的壮阔波澜

滚滚的沙石是一片海
在梦想的版图上浩瀚无边
在城市的疆域，你奔赴“安宁之乡”
回龙山、千佛洞
南楚之灵与神秘莫测

水泥混沙里的南曲北曲
仿佛是湘剧里的高腔
生活一直用手推车推着向前走
你略弯着腰在“滚唱”

吊杆还在节节上升
而你已经不是那个可以操纵命运的人

每天奔忙在建筑工地
每天黄昏都会把天边的云排列整齐
等着你回家

老房子

下雨的时候
我喜欢一个人回到
老房子坐坐
看窗外的雨水像许多
小钉子一样
钉进外面的泥地里
我也碰过软钉子
可它们
都牢牢地钉进我的身体
不像这些雨滴
这么容易碎

菊花鱼的做法

菊花鱼下锅之前
加些料酒
腥味少了很多
羧酸在油锅
散发香味
让我很想吃上一口
在这些鱼肉花瓣上
我浇上五柳汁
孩子说我把整个秋天
浇糊涂了
可是你看见了吗?
菊花鱼刚上碟
多像一束
开着的菊花

手术

我闭上眼睛
想象
那个穿白大褂的男子
手上拿着
锋利的手术刀
切向我
靠近心脏的位置
房间很安静
最后我也没听清
到底有没有
手术刀碰我皮肤的声音

磨豆浆

老梁从房间出来的时候
正好十点钟
那是一个约定
他睡前给我
磨一杯可以美容的
豆浆
这习惯持续了
十年
那一次他在芦洲一个酒店的房间里
我在豆浆机旁
坐了很久
都没有自己动手
把豆浆磨好

师傅

我好奇
师傅的形象
有一天
他真出现在
我的眼睛能发现的位置
一个人点燃一支烟
依着柳条儿
吐烟圈
瘦削
比我还
孤独

电话

我躺在床上
电话躺在桌上
我瞅着电话
它安静了三十六小时零一分
电话响时
那个有点陌生的
河北廊坊的显示使我的心律多波动了几下
我甚至还没有来得及
把电话拿到手里
铃声就忽然停了下来

天蝎星

脖子仰着
发酸的时候
天空那块黑布
破了几个洞
有只蝎子在洞口
爬来爬去
有些光
从蝎子身上
掉了下来
把麻坑村的屋子
点亮了
后来那一只
很好看的蝎子
掉进
我的眼睛里
再也没有爬出来

思过崖

思过崖真安静
如果
我提着
自己的影子
在两棵松树之间
飘来荡去
崖下的湖水
蓝了之后
又得变绿
我身上的灰布衣裳
带起的灰尘
被风师叔看到了
思过崖
从此以后
是不是
就不安静了

准备晚餐

陈大妈喝骂孙子的
尖叫声
吓我一跳
我握着菜刀的右手
碰着了左手
切肉的声音
让我误以为
是切猪肉的声音
小华哭闹过后
我被迫
放慢
准备晚餐的速度

春困

陈大妈说
勤快的人是不会
犯春困的
在我慢慢吃地瓜的时候
陈大妈
已经
把那堆脏衣服
洗干净
带着她的小孙子
到屋后的榆树下
玩去了